Mara Avellar

# Por que Não Tentar?

Descubra a liberdade de viver sendo simplesmente você e comece a trilhar o caminho para a construção do seu EU IDEAL

**Literare Books**
INTERNATIONAL
BRASIL · EUROPA · USA · JAPÃO

Copyright© 2024 by Literare Books International
Todos os direitos desta edição são reservados à Literare Books International.

**Presidente:**
Mauricio Sita

**Vice-presidente:**
Alessandra Ksenhuck

**Chief Product Officer:**
Julyana Rosa

**Diretora de projetos:**
Gleide Santos

**Capa, diagramação e projeto gráfico:**
Candido Ferreira Jr.

**Revisão:**
Ivani Rezende

**Chief Sales Officer:**
Claudia Pires

**Impressão:**
Gráfica Paym

---

**Dados Internacionais de Catalogação na Publicação (CIP)**
**(eDOC BRASIL, Belo Horizonte/MG)**

A949p  Avellar, Mara.
　　　　Por que não tentar? / Mara Avellar. – São Paulo, SP: Literare Books International, 2024.
　　　　88 p. : 14 x 21 cm

　　　　Inclui bibliografia
　　　　ISBN 978-65-5922-763-1

　　　　1. Autoconhecimento. 2. Superação. 3. Técnicas de autoajuda. I. Título.

　　　　　　　　　　　　　　　　　　　　　　　　CDD 158.1

**Elaborado por Maurício Amormino Júnior – CRB6/2422**

---

Literare Books International
Alameda dos Guatás, 102 – Saúde– São Paulo, SP.
CEP 04053-040
Fone: +55 (0**11) 2659-0968
site: www.literarebooks.com.br
e-mail: literare@literarebooks.com.br

Mara Avellar

# Por que Não Tentar?

**Descubra a liberdade de viver sendo simplesmente você e comece a trilhar o caminho para a construção do seu EU IDEAL**

# Dedicatória

À minha família, em especial à minha filha Sophia.

# Sumário

Introdução | 9

1. O começo da mudança | 13
2. Anos depois, a recordação | 19
3. Deixando o ar entrar | 23
4. Como sobreviver à crítica, a comentários desfavoráveis e às comparações | 27
5. Fugindo dos padrões de beleza e vivendo em plenitude. Eu me amo! | 33
6. Superando o vitimismo | 39
7. "Tô invejando"! E agora? | 43
8. Perseguindo o amor... | 49
9. Vivendo, me vi! | 53
10. Afinal, de quem é a culpa? | 59
11. Seja a inspiração, inspirando-se! | 65
12. Cadê minha carreira de sucesso? Escapando do labirinto da insatisfação | 69
13. 2003...Um ano para lembrar... | 75
14. Receita para a felicidade. Será que existe? | 81

Sobre mim. Em versão resumida | 85

Agradecimentos | 87

# Introdução

Olá! Não nos apresentamos ainda e é importante que nos conheçamos, já que vou compartilhar com vocês, leitores e leitoras, alguns fatos que marcaram minha vida e quem sabe as minhas experiências possam ajudá-los(as) a superar algo que esteja incomodando e limitando.

Então, eu sou Mara.

Bem, como acontece com várias pessoas com o correr dos anos, percebi que os meus dias eram exatamente a repetição do que eu havia feito no anterior, e no anterior e no anterior...

Eu estava numa cadência acelerada e automática, levando a vida, alternando entre trabalho e feriados, seguindo o *script*.

Fazia várias proposições ao findar de cada ano e iniciava o próximo, cheia de energia, o que durava em média - sei lá - um mês ou dois. Em seguida, voltava tudo como era antes, o que incluía uma porção de reclamações infundadas, gerando cada vez mais descontentamento.

Então, um dia decidi que estava na hora de fazer uma verdadeira e necessária varredura em minha jornada, buscando me reconhecer e perceber quais foram as lições aprendidas e aquelas das quais havia me esquecido.

Aos poucos, fui recordando algumas situações que enfrentei e a forma como lidei com determinadas circunstâncias desfavoráveis, algumas comuns a maioria de nós, outras nem tanto. O fato é que tudo isso estava me conduzindo a uma reflexão profunda sobre mim mesma e à relação que eu mantinha com a VIDA.

Passados alguns anos, senti uma forte inspiração e concluí que deveria colocar no papel certas passagens esparsas de minha história, minhas percepções e conclusões. E aqui estamos.

Creia, não foi fácil chegar a este ponto. E veja, este livro não é sobre mim, mas sim sobre o sentimento genuíno de que talvez os acontecimentos em minha vida, as lições que extraí de cada um deles, as minhas concepções e convicções pessoais sobre alguns fatos possam contribuir para transformar, de forma positiva, a perspectiva de alguém que esteja passando pelo que já passei.

Claro que vocês podem concordar ou discordar dos meus posicionamentos. Pode até ser que nunca tenham passado por nenhuma das situações descritas aqui.

Lógico que eu não sei tudo. Eu não tenho todas as respostas, mas o que aprendi me trouxe até aqui e estou muito feliz de estar onde estou, desacelerando e, finalmente, vivendo.

E é isso que quero dividir com vocês.

Sendo assim, espero, sinceramente, que aquilo que vivi, o resultado que obtive dessa vivência e as conclusões a que cheguei possam servir de incentivo para que vocês vejam a vida com mais leveza e a conduzam com delicadeza, bondade e respeito, além de lhes permitir refletir e, talvez, descobrir uma trilha para quem sabe se reconhecerem felizes.

Por que não tentar?

# O começo da mudança

**S**empre ouvi dizer que toda mudança gera medo ou pelo menos um "friozinho na barriga". Deve ser por isso que algumas, muito significativas, parecem acontecer espontaneamente, sem que percebamos ou mesmo sem que façamos qualquer movimento em sua direção.

Comigo, por vezes, foi assim.

Eu cresci em uma cidade do interior das "Minas Gerais", com quintal e jabuticabeira; aconchego de "vó" e cafezinho da tarde na casa do avô, feito no fogão a lenha.

Naquela ocasião, não tínhamos internet, muito menos TV a cabo ou por satélite. O nosso mundo era ali, aquele pedacinho do planeta, onde os dias passavam bem "devagarinho".

Era um tempo em que os adultos da minha infância se mostravam especialistas em não dividir suas preocupações conosco. Tudo era ou pelo menos parecia tão simples.

## Por que não tentar?

Algumas perdas pelo caminho, saudade... Mas seguíamos em frente.

Quando eu tinha 16 anos, meu pai faleceu repentinamente e aquele mundo que eu conhecia seria, daí em diante, apenas uma lembrança.

As emoções se misturavam. Havia tristeza, medo, insegurança, irresignação e a pergunta sobre o porquê ficava ecoando em minha mente adolescente.

Cerca de quatro meses depois, me mudei para Belo Horizonte, para que pudesse continuar os estudos e cursar uma faculdade.

Chegar à capital mineira, vinda do interior, deixando para trás a casa em que cresci, os meus amigos, a minha família, os bailes no clube e as idas à praça aos sábados à noite (vida boa de cidade pequena) foi, na minha visão de adolescente, como se eu tivesse perdido muito mais do que meu pai, como se tudo que eu mais amava tivesse sido tirado de mim, de repente.

Nossa, era um corre-corre de pessoas e carros. Parecia que eu estava no "modo carroça" e todos os outros no de "trem-bala".

Eu mal havia chegado e já queria voltar, mas isso não era uma opção.

Naquela época, também não havia aparelho de telefone celular e conseguir uma linha telefônica fixa não era fácil, muito diferente de hoje em dia. Então, até que conseguisse uma, tinha de usar um "orelhão" – telefone de uso público -, que ficava na esquina do prédio, para me comunicar com os amigos e ter notícias da "terrinha". Às vezes, nos correspondíamos por carta, já que não existia e-mail. Naturalmente, a distância acabou por nos afastar.

## O começo da mudança

Fazer novos amigos não era uma tarefa fácil e as pessoas com as quais me relacionava, em virtude dos estudos, não se mostraram, a princípio, tão receptivas e, talvez, tenha sido recíproco.

No entanto, com o passar do tempo, mesmo me sentindo deslocada e triste em várias ocasiões, busquei encarar tudo o que estava acontecendo - o falecimento do meu pai, a mudança de cidade e de escola, a distância dos amigos e todos os demais desdobramentos desse cenário - como o que realmente era: uma parte difícil da "lição".

Desde pequena, sempre me foi dito que todos nós estamos aqui para aprender algo e evoluir.

Assim, compreendi que a experiência do luto ou de alguma outra situação dolorosa e conflitante é uma das fases e faces da vida.

Procurei, então, ver para além do que estava vivenciando naquele momento e achar uma motivação para crescer e me livrar daquele sentimento de "coitadinha" que eu mesma havia me permitido sentir.

Isso não era fechar os olhos para o revés que a vida havia dado, mas sim erguer a cabeça e enfrentá-lo, já que não dava para "engatar a marcha à ré" e, simplesmente, voltar no tempo.

Eu podia escolher romper com meus medos e tentar transformar toda aquela tristeza em impulso para prosseguir e atingir meus objetivos; ou permanecer com a vitimização.

Escolhi prosseguir.

Além de ter o apoio e o amparo emocional da minha mãe cuja história de vida conseguiu reerguer muitos

## Por que não tentar?

dos que a conheceram - um dia, eu conto -, coloquei minha atenção no exemplo de minha avó materna que teve de deixar o seu país, a Espanha, para recomeçar em uma terra distante, com outro idioma e costumes tão diversos, em condições não muito favoráveis, já que havia largado tudo para trás.

Isso me fez reagir e me senti mais forte, embora chorar escondida, de vez em quando, ainda fizesse parte da rotina. Eu sentia muita falta do meu pai e da nossa vida na cidade pequena, onde cresci.

Passei, então, a agir de forma mais assertiva e positiva, estabelecendo pequenas metas que conseguissem despertar o meu entusiasmo.

"Baixei um pouco a guarda" e acabei partilhando da história de outras pessoas, algumas, como eu, vindas do interior para estudar e cujas experiências vividas acrescentaram muito à minha vida.

Dei início a amizades que me acompanharam por anos e que até hoje sinto que estamos conectados.

Pensando em possibilidades para me sentir melhor comigo mesma e com aqueles com os quais eu convivia, parei de me ver como a personagem de "vítima do destino cruel" e assumi quem eu realmente era: uma adolescente cheia de sonhos, carregada de uma fé enorme na vida, apesar da pouca idade, e repleta de expectativas em relação ao que seria o futuro.

Fui tentando superar, um pouco a cada dia, a timidez e o complexo de inferioridade que nem mesmo, até então, eu sabia que carregava. E te digo: não foi fácil, mas valeu a pena.

Isso não significou acordar todos os dias com um sorrisão no rosto e gritar uhuuu! Porém, tratava-se de,

## O começo da mudança

diante de todas as adversidades, cultivar o sentimento de que seria sim possível ter dias perfeitos e que tudo poderia ser melhor.

Esse foi apenas o começo da mudança. E continua, já que a vida não é estática.

É claro que problemas e dificuldades existem, mas aprendi que o que faz a diferença é como você vai encará--los: desafios ou obstáculos.

Então, talvez você esteja vivenciando um tempo não muito bom, "com raios e trovoadas"; talvez esse mau tempo esteja um pouco prolongado, mas acredite em você e que tem todas as ferramentas necessárias para criar dias de sol.

Eu sei que a intensidade com que cada pessoa sente o impacto dos acontecimentos em sua vida não é igual, por isso não dá para comparar. O que pode ser ínfimo para mim, para o outro pode ter dimensões colossais.

Assim, seja paciente consigo mesmo e não se cobre ser forte, caminhe no seu passo. Fortaleza é uma construção diária.

Você pode começar, penso eu, colocando atenção naquilo que te faz ter esperança e, se der, segure esse sentimento o máximo que puder.

Eu acredito que em cada um de nós está a força para permitir que os "milagres" aconteçam.

E você?

# Anos depois, a recordação

**S**abe aquelas noites em que, depois de um dia supercorrido, você se senta e apenas deixa a mente correr solta?

Então, foi em uma noite assim, enquanto estava recostada no sofá, que me veio à lembrança uma conversa que eu havia tido, há anos, com uma grande amiga.

Na época, ela estava visivelmente aborrecida e abalada com o término de um namoro que durou anos, mas procurava demonstrar o contrário, como se o ocorrido não fosse um fator de perturbação, mas sim o alívio de um peso enorme.

Fomos tomar um café e ela não parava de falar sobre quantos encontros já havia tido, com pessoas, segundo suas palavras, "inte-

## Por que não tentar?

ressantíssimas", embora eu soubesse que nenhum desses relacionamentos durou mais que uma semana. Era evidente a tentativa de convencer a si própria e aos outros que estava vivendo de maneira excepcional e feliz.

Recordei-me, então, de haver dito a ela, já sabendo de sua resistência extraordinária ao que se opunha às próprias ideias, que a primeira coisa a fazer, antes de colocar os "móveis novos", é limpar a casa.

Dias depois desse encontro, senti que, na verdade, eu mesma estava cheia de entulhos guardados, que não me serviam mais e, além de tudo, me impediam de colocar a "mobília nova". Eu estava repleta de ressentimentos e mágoas, decorrentes de fatos passados, que nada acrescentavam.

Foi quando decidi começar a "faxinar a casa" e me redescobrir. Vi que dependia apenas de mim mesma a escolha de como eu pretendia viver. Era hora de deixar para trás o que não fazia mais parte da minha realidade.

Já notou como somos muito bons para reconhecer nos outros o que "achamos" que não vai bem ou as atitudes que deveriam ser modificadas, mas demoramos séculos para ver quais dos nossos sentimentos ou condutas que precisam urgentemente de uma mudança?

Tenho que confessar que essa "faxina" nunca termina, mas com o tempo diminuem bastante os "entulhos" a retirar.

E você? Parou para pensar nisso? O que você anda guardando aí dentro que te impede de trilhar um ca-

## Anos depois, a recordação

minho novo? A rota que você traçou segue na direção para onde quer chegar?

Uma coisa é certa, quem escreve o nosso futuro somos nós mesmos, linha por linha, bem agora, nesse instante.

Então, confie em si próprio e capriche na letra!

E não importa pelo que esteja passando. Se dê o tempo necessário, mas prossiga.

NÃO DESISTA DE VOCÊ!!!

# Deixando o ar entrar

Como eu disse, antes de colocarmos os "móveis novos", temos de limpar a casa. Somos uma casa arejada ou cheia de quinquilharias?

Por vezes, carregamos tanta mágoa, raiva, ressentimento, decepção, frustração ou até pensamentos arraigados e equivocados, que não há espaço para a renovação.

Vivemos, constantemente, reprisando, ainda que de forma inconsciente, fatos passados que nos causaram algum sofrimento ou tristeza. Por quê?

Atravessamos dias, meses e até anos à procura de algo que não sabemos bem o que é, mas que nos permita experimentar um sentimento de completude. Só que insistimos em manter pelo menos um dos pés no passado. Qual o motivo?

## Por que não tentar?

Claro que aquilo que vivemos faz parte de nós.

As experiências e lições aprendidas não devem ser desprezadas, mas não podem impedir você de continuar avançando e se permitir lançar-se aos ensinamentos que ainda estão por vir.

Confesso que agia assim para evitar que aquilo que não foi tão bom pudesse se repetir, o que é até positivo, creio eu. Só que, ao mesmo tempo, eu cultivava os mesmos pensamentos e atitudes, fugindo de tudo que pudesse mudar aquilo com o que já estava habituada e as minhas ideias enraizadas.

É como comer arroz e feijão, porque conhecemos o sabor, mas não querer provar um prato novo, dizendo que não gostamos, sem sequer experimentar.

O fato é que nós mesmos nos impomos limites, por não querermos abrir mão do conforto que é lidar com situações que já nos são rotineiras.

E assim, vamos levando a mesma vida, fazendo as mesmas coisas e esperando que algo fantástico aconteça. Como?

Certamente, a maioria de nós ainda tem medo de se expor e isso porque temos pavor do julgamento alheio.

Continuamos a deixar tudo como está.

Fazemos exatamente o que esperam que façamos, mesmo que isso não nos satisfaça.

Bradamos ao mundo que está tudo bem e choramos escondido.

Criamos justificativas para nossa inércia e resignação - é o destino, estava escrito, as coisas são assim mesmo - e, pior, acreditamos nelas.

## Deixando o ar entrar

E, ainda assim, desejamos ser felizes. Mas me diga, sinceramente, você sabe o que é a felicidade?

Não responda já. Essa é uma pergunta que merece a sua reflexão.

Mas não se preocupe. Apenas deixe o ar novo circular em sua "casa". Que tal? Livre-se dos sentimentos que não te servem mais e pesam na caminhada.

Preste atenção no que está sentindo e naquilo que vem dizendo para si mesmo.

Eu, pessoalmente, comecei devagar, percebendo quais os pensamentos ou emoções que me traziam alegria e me conduziam a um estado de harmonia e aqueles que me deixavam ansiosa, preocupada ou mesmo desanimada.

É uma tarefa difícil, mas indispensável.

Todos os dias, não importa a hora, é muito bom percorrer cada cantinho, bem dentro de nós, para encontrar e retirar aqueles sentimentos negativos que insistem em voltar, principalmente naqueles momentos de espera, em que, aparentemente, nada está acontecendo, o que é normal em todo processo de mudança.

Afinal, o primeiro passo é você se conhecer mais profundamente, despindo-se de todo seu "achismo" sobre si mesmo e estando pronto para encarar o que precisa ser mudado, ainda que descubra que não é tão perfeito quanto pensava.

Mas não se esqueça, por outro lado, NEM TUDO É IMPERFEITO!

Ninguém poderá fazer isso por você. Então, sugiro que arregace as mangas e dê o *start*.

Quem decide é você.

# Como sobreviver à crítica, a comentários desfavoráveis e às comparações

**Q**uando nascemos e ainda somos pequeninos, são tantos os elogios e mimos, mas logo que crescemos um pouquinho, a coisa começa a mudar.

Para alguns mais, outros menos, mas é inevitável o olhar observador e nevrálgico dos demais personagens de nossa história de vida.

A maioria de nós já teve um parente ou um amigo a quem sempre faziam referência ao criticar algumas de nossas condutas, comportamentos ou, digamos, nossas características próprias e singulares.

Quem nunca ouviu: "Seu irmão só tira notas boas"; "Sua irmã passou no primeiro vestibular que fez e se graduou com mérito"; "Olha, seu primo arrumou um excelente emprego, sempre foi inteligente"; "Viu

## Por que não tentar?

sua prima? Tão nova e já está bem de vida". E cada comentário acrescido da pergunta final: "E você?"

Temos, ainda, pessoas que foram submetidas a comparações como: "Nossa menina, você come demais, está acima do peso. Veja sua amiga, está magrinha, em ótima forma" ou mesmo ao contrário, por ser magra demais, isso na concepção deles.

Existem aqueles que comparam e criticam - simplesmente - tudo.

Na verdade, em algum momento de nossas vidas, já fomos criticados e comparados, quer em relação aos aspectos de inteligência, competência, estilo, sucesso obtido na vida pessoal e carreira, quanto ao porte físico, modo de vestir ou educação. São tantos os nichos para os críticos de plantão! Eu sei. Também já passei por isso.

Na adolescência, eu era a "magra demais" e me cansei de ouvir que deveria procurar um médico ou um tratamento, porque, certamente, algo estava errado. Nossa, minha autoestima descia, constantemente, à "escala zero" por comentários desse tipo.

E no colégio, então!

Ser o filho ou a filha caçula tem suas vantagens. Afinal, os irmãos mais velhos são os que abrem caminho em várias situações. Só que, no meu caso, na escola, havia sempre alguém que, ainda que de forma sutil e creio até que tentando me incentivar, me comparava, em relação ao desempenho escolar, com a minha irmã, que de fato tinha sido uma ótima aluna.

## Como sobreviver à crítica...

No entanto, com o tempo - e põe tempo nisso -, percebi que não importa com quem fomos ou somos comparados e sobre o que, assim como tanto faz se isso partiu de nossos pais, tios, avós, professores, chefes, maridos ou esposas, amigos ou até de pessoas estranhas.

Claro que muitos deles não tiveram ou têm a intenção de nos magoar, mas certamente acreditam estar nos ajudando ao apontar o que, para eles, está "errado" em nós.

Veja, diante de tantos comparativos, talvez você sofra, chore e até diga estar cansado da vida e que quer desaparecer. Parece que o mundo está contra você. Sei bem como é.

Porém, creia, existe outra maneira de ver as coisas e apenas passar por elas, ao largo, mas depende de você.

Pare e pense: essas críticas, comentários ou comparações podem servir de estímulo para que você descubra o seu melhor.

Quando fui fazer vestibular - naquele tempo (anos 80) era, por sinal, superdifícil, já que existiam poucas vagas -, ouvi de um amigo, a quem admirava muito, "para não ficar triste, porque eu não iria passar da primeira vez".

Ele achava que, por eu ter estudado em escola pública e em cidade do interior, à exceção do terceiro ano, não havia como competir em igualdade com os estudantes de escolas particulares, que, a seu ver, eram mais qualificados.

Nossa, essa falta de apoio doeu. Eu havia perdido meu pai recentemente, estava em uma nova cidade,

## Por que não tentar?

tentando me adaptar e, em vez de um incentivo, tive de ouvir aquilo.

De fato, com o tempo, consegui perceber que aquelas palavras foram o "empurrão" de que eu precisava, porque foi a fala dele que me levou a me dedicar ao máximo aos estudos, mantendo o pensamento firme, sem duvidar de que era possível. Todos os dias eu repetia que era capaz e colocava para "correr" aquele medo que insistia em aparecer. E adivinhe, passei!

Então, você, assim como eu, também pode.

Costuma-se dizer que se deve usar o vento contrário a nosso favor; então, use-o. Faça do que lhe aborrece ou magoa hoje o impulso e a motivação necessários para que um lindo futuro se descortine. Por que não? E a regra de ouro: ame-se em primeiro lugar.

Você não precisa ser igual a ninguém. Você tem que ser você: um ser único, em todo o Universo! Isso é maravilhoso!

Eu, de minha parte, passei a filtrar o que dizem a meu respeito, reconhecendo quando é algo que faz sentido e, portanto, sobre o qual eu deva pensar (críticas, comentários e comparações que alavancam propósitos) ou, de fato, quando se trata somente de observações vazias, de pessoas que não estão bem consigo mesmas. Deixei, então, de absorver aquilo que não acrescenta nada à minha vida.

Tenho que dizer que a escolha de como vai ser é inteiramente sua. Afinal, tudo tem sempre dois lados, é o que dizem. No entanto, é muito importante que pon-

## Como sobreviver à crítica...

dere consigo mesmo a razão de você dar tanta atenção às críticas que te fazem duvidar de si e às comparações descabidas.

É fácil? Não.

Haverá dias em que você irá desanimar e, quer saber, tudo bem. Ao persistir e pensar em quão importante é a sua vida e as coisas maravilhosas que poderá realizar, o que menos importará será a opinião dos outros.

Seja o seu melhor amigo, compreenda-se e não se esqueça de reconhecer quando é você quem critica e compara a si mesmo e aos outros.

Permita-se ser quem é. Não tenha pressa.

Aos poucos, você irá se conhecendo e logo estará, em tudo, fazendo o seu melhor ou, pelo menos, tentando.

Que tal? Deu certo para mim.

# Fugindo dos padrões de beleza e vivendo em plenitude. Eu me amo!

O uso dizer que padrões de beleza sempre existiram e vão existir, variando de acordo com a intenção daqueles que os criam e disseminam.

E daí se não tenho um corpo escultural ou um "cabelo de propaganda de shampoo", uma pele maravilhosa ou, ainda, se tenho celulite ou uma limitação física?

Hoje, vejo que o jargão "tudo passa" traduz a mais pura verdade.

A forma como lidamos com o que nos incomoda em nós mesmos faz toda diferença, acredite.

## Por que não tentar?

Quando eu tinha 14 anos, apareceram algumas estrias, quase imperceptíveis aos olhos alheios, mas não aos meus. Na época, o médico que procurei disse ser do próprio crescimento, uma alteração hormonal.

Isso, para mim, foi o fim. Chorei e, como toda boa filha, culpei meus pais. Loucura, não?

Durante muito tempo, fiz desse problema estético o centro de minha vida. Vivia procurando soluções, mas não havia nada na ocasião que tivesse resultado. Foi uma fase em que evitava ir à piscina ou praia. Eu morria de vergonha de expor aquelas listritas indesejáveis.

Lembro-me de uma viagem com amigos, em que todos se divertiam na piscina do hotel, enquanto eu perambulava sozinha pela cidade.

Nossa, eu perdi tanta coisa boa por causa de uma vaidade exacerbada e por querer ser perfeita, fisicamente falando.

Não estou dizendo que você não deva procurar um tratamento para aquilo que o(a) incomoda, sejam estrias, celulite, calvície, excesso de peso ou as famosas acnes; não importa. Claro que deve, se isso é importante para você e para sua saúde.

O que eu gostaria é que você não deixe de aproveitar momentos alegres e descontraídos ou de colocar aquela roupa que tanto deseja, enquanto busca uma solução.

E se não conseguir o resultado esperado, pense que essas são coisas tão ínfimas diante de quem você é. Isso não te define e não pode te impedir de fazer o que qui-

## Fugindo dos padrões de beleza...

ser e de ser livre para saborear cada instante dessa maravilhosa jornada chamada VIDA.

Quero te contar uma história. É sobre minha mãe e como foi que eu, finalmente, acordei.

Nos anos 30, quando estava com 10 anos de idade, ela sofreu um acidente e acabou perdendo o braço direito. Não consigo sequer imaginar a dor não só física, mas emocional pela qual ela passou ainda criança.

Ela teve de recomeçar e reaprender tantas coisas.

Minha mãe era uma mulher com uma inteligência inigualável, além de bela e, acima de tudo, forte. Nunca a vi reclamar de nada, embora eu saiba todas as dificuldades e preconceitos que enfrentou.

Sua limitação física a motivou a ser uma pessoa incrível. Não havia nenhum obstáculo em seu caminho que ela não superasse ou pelo menos não tentasse superar.

Então, um dia - acho que o ano era 1982 -, quando tomava meu café da manhã em sua companhia, fui tomada por um sentimento de vergonha e me perguntei como eu pude fazer um dramalhão por causa das benditas estrias, diante de um exemplo tão lindo de superação.

É que a forma de minha mãe conduzir a vida nos fazia esquecer que ela possuía uma limitação física e foi justamente ao perceber isso que parei de me preocupar e me tornei mais bondosa e compreensiva comigo mesma. Passei a praticar o sorriso e a descobrir e valorizar meus pontos fortes, ainda que não sejam atributos físicos.

## Por que não tentar?

Seja o que for que possa estar te travando, impedindo que se sinta bem consigo mesmo, lembre-se de dar atenção ao que te faz ser quem você é e a todas as suas qualidades.

Reconheça-se! Experimente!

Então, se alguém ressaltar alguma imperfeição em você, volte ao capítulo anterior e filtre, não absorva os comentários negativos e descabidos.

Siga sendo você quem é, procurando fazer o melhor que pode por si e pelos outros.

Ninguém pode ditar um padrão e exigir que você se encaixe nele. Mas lembre-se de que o contrário também é verdade, não pode impor aos outros que se adequem a você e às suas próprias escolhas.

Acorde! O importante é ter A MENTE E O CORPO SAUDÁVEIS. Vamos lá! Tente se conhecer, ame-se e cuide-se!!!

Nós somos muito mais do que o invólucro que habitamos. É no que acredito.

6

# Superando o vitimismo

"**N**ossa! Como o mundo é cruel! Eu sou tão boa e só recebo ingratidão". Você conhece alguém assim? Pode ser até que você seja essa pessoa.

De fato, temos a mania de cobrar, de forma velada, o que fazemos pelos outros, quando achamos que não nos dão a devida atenção ou o valor que acreditamos possuir.

Sim. A maioria de nós já agiu assim, pelo menos uma vez na vida.

Quantas vezes você se pegou dizendo que fez tudo por alguém e este não reconhece? Ou que abriu mão de coisas que queria por causa de outra pessoa?

Arrisco dizer que todas essas são atitudes bastante comuns, vez ou outra. Só que há pessoas que sempre se colocam como

## Por que não tentar?

"coitadinhas" e incorporam o papel de vítimas, como forma de vida.

Sabe aquelas que vivem doentes e que sempre passam mal quando são contrariadas? E as que dizem estar sempre prontas para cuidar de você e te ajudar, mas que cobram sua devoção quase que exclusiva?

Ainda têm as que incutem um sentimento de culpa em você, ao perceberem que foi capaz de manifestar sua vontade e discordou delas. "Como você pôde?"

Isso pode acontecer no ambiente familiar, entre amigos, no trabalho ou mesmo em qualquer tipo de relação.

Esteja atento para perceber quando estiver diante de uma pessoa que age como vítima, somente para impedir que você seja como é ou que expresse seus desejos e opiniões.

É triste, mas existem pessoas que são vítimas em tempo integral, buscando chamar a atenção ou fazer prevalecer a própria vontade ou mesmo para conservar-se como o Sol, com os demais gravitando ao seu redor.

Perceba mais. Veja se você não se tornou uma pessoa assim, seja por medo de ficar só, pelas decepções e frustrações que possa ter experimentado ou por vaidade, pretendendo ser a razão da vida de alguém.

Particularmente, quando estou com pessoas que agem desse modo, não perco tempo em discutir ou argumentar. Elas não vão me ouvir e negarão qualquer comportamento manipulador ou egoísta. Então, simplesmente optei por, respeitosamente, ouvir e não ab-

## Superando o vitimismo

sorver o que dizem - é o famoso "entrou por um ouvido e saiu pelo outro". Às vezes, apenas me retiro da presença delas. Não dou mais importância aos "piripaques", embora muitas vezes o tenha feito e, agora, tampouco tento impor o meu ponto de vista ou percepção.

Você pode estar pensando que não confrontar essas pessoas é sinal de covardia. Respeito sua opinião. Contudo, para mim, isso significa criar harmonia. Enfim, o mundo está repleto dessas "vítimas".

O importante, penso eu, é, em convivendo com pessoas assim, ter a coragem de continuar a ser VOCÊ.

Eu decidi, há muito tempo, me dar o direito de manter minhas convicções, até que eu mesma, pelas minhas experiências, conjecturas ou observações - não por imposição ou chantagem emocional alheia -, me convença de que estava errada. Se isso ocorrer, como já aconteceu, não tenho resistência alguma em admiti-lo e mudar.

Agora, se você se reconhece no papel de "vítima do mundo", seja para conseguir o que quer ou para controlar a vida de quem convive com você, recomendo que mude sua conduta, porque ninguém é obrigado a se anular, para que você se sinta bem.

Além disso, manter esse comportamento é, certamente, o caminho mais curto para a solidão.

De todo modo, é o que eu faria, mas cabe a você decidir.

7

# Tô "invejando"! E agora?

Calma!!!

Você pode estar confundindo inveja com inconformismo ou admiração. Isso acontece com frequência.

E o que isso quer dizer? Que não é tão grave quanto parece, pelo menos no meu ponto de vista. Mas lembre-se de que, neste livro, apenas exponho sobre a minha vivência e minhas convicções pessoais. Vamos lá!

Às vezes, principalmente quando estamos desgostosos com a maneira como vivemos e não conseguimos enxergar nenhuma perspectiva positiva para o futuro, temos a tendência de olhar para o outro, que se acha em situação mais confortável ou que atingiu o sucesso na carreira ou tem uma vida pessoal estruturada, e fazer a clássica per-

## Por que não tentar?

gunta: "O que essa pessoa fez para merecer tanta coisa boa? Por que isso não acontece comigo?"

E, ainda, podemos resmungar que tem gente que "nasce virada para a lua".

Enfim, caso você esteja se sentindo assim ou já tenha passado por isso, fique tranquilo, pois não está "invejando", repito, pelo menos no meu ponto de vista.

Penso que esses sentimentos refletem, apenas, o seu inconformismo com a vida que está levando, porque consegue perceber que a situação em que se encontra - um dia após o outro, sempre igual - não lhe serve mais e, acredite, esse momento é positivo.

Explico. Quando reconhecemos que algo está nos incomodando e que o estado atual das coisas, em nossa vida, não reflete aquilo que imaginávamos que seria, estamos finalmente preparados para fazer acontecer a mudança que queremos ou que sequer sabíamos que queremos.

Então, seja como for, a pessoa bem-sucedida objeto de sua atenção serviu de estímulo para que você se movesse na direção do que quer, ou pelo menos se movesse, saindo da acomodação, mesmo que o primeiro movimento tenha sido apenas interno.

Esse é o resultado do inconformismo causado pelo sucesso alheio. Isso, definitivamente, não é inveja. Entendo dessa forma.

Por vezes, também, nós nos pegamos querendo imitar o caminho trilhado por alguém e desejamos fazer exatamente igual a essa pessoa; ter as mesmas conquistas e chegar ao patamar em que ela se encontra.

## Tô "invejando"! E agora?

Muitos acreditam que isso seja inveja, mas penso que não. Esse sentimento pode ser considerado uma admiração um pouco exagerada, dependendo da intensidade, mas, ainda assim, admiração.

E da mesma forma que o inconformismo é, a princípio, positivo, já que você acaba por estabelecer um parâmetro e, por vezes, uma meta.

Eu mesma, quando adolescente, queria ser como minha irmã mais velha.

Eu a achava bela, simpática, doce e inteligente. Ela fazia amigos com facilidade e todos a admiravam.

Acredito que ela não saiba, mas sempre senti tanto orgulho de ser sua irmã. Queria ser como ela, porque a admirava muito.

Porém, ao admirar a vida de alguém, lembre-se de adequar o ponto de admiração ao caminho escolhido por você e não se esqueça: cada um de nós possui dons e talentos únicos que não devem ser desprezados.

E você, já descobriu quais são os seus?

Somos todos diferentes, portanto o caminho de cada um, ainda que conduza ao mesmo lugar, tem suas particularidades e nunca é igual.

Agora sim, vamos falar sobre inveja.

Segundo o minidicionário Aurélio, *inveja* significa: "1. Desgosto ou pesar pelo bem ou felicidade de outrem. 2. Desejo violento de possuir o bem alheio" (Miniaurélio – O Dicionário da Língua Portuguesa – 8.ed., 2011, Editora Positivo, p. 438).

## Por que não tentar?

É isso que você sente em relação a alguém? Se for, peço, por favor, que PARE. A inveja só causa dor e faz você perder um tempo precioso de sua vida.

Pense: enquanto você coloca sua atenção e energia para tentar prejudicar alguém, nutrindo um sentimento de desprazer e querendo o que essa pessoa conquistou, sejam bens materiais ou imateriais, está parado, sem construir o que quer que seja em seu próprio benefício.

Se for esse o seu caso, daí meu conselho, com o maior respeito é: ACORDE! Sempre há tempo de retomar o SEU caminho e seguir.

Você é capaz de chegar tão longe quanto qualquer um e não tem de ser do mesmo jeito.

Volte os olhos para você mesmo e perceba a sua capacidade de se reinventar e de criar uma vida exitosa.

Preencha o seu ser com sentimentos mais elevados. Domine-se! Você PODE!

E lembre-se de que a escolha sempre será sua. É o que penso.

8

# Perseguindo o amor...

**Q**uem nunca se apaixonou e teve a certeza de ter encontrado o amor da sua vida? Quantas vezes isso aconteceu? Sejamos sinceros.

E quem nunca fez um "pedidinho" a Deus, a um santo de sua devoção ou mesmo traçou estratégias para conseguir o amor de alguém?

Nossa, e quem, apaixonado, não se sentiu constrangido diante de um não? É como se fosse o fim, não é?

A maioria de nós, certamente, já agiu assim e ficou envergonhada algumas vezes.

No meu caso, depois de alguns ou muitos equívocos, resolvi tentar não fazer nada para encontrar o tão desejado amor. Apenas passei a encarar a vida de modo diferente e deu certo.

## Por que não tentar?

É verdade! Não tenha pressa, pare de buscá-lo.

Não fique pensando em sua idade ou nos amigos que já se realizaram afetivamente ou que está perdendo um tempo precioso sozinho, sem ninguém.

Creia, assim que deixar de lado essa ansiedade e preocupação, o amor chegará até você e será a pessoa que se encaixará perfeitamente em sua vida.

Antes de continuarmos, veja que não estou aqui falando de casamento. Isso é uma opção e não um destino selado, certo?

E não podemos, também, esquecer que o amor se apresenta de modos diversos para cada um de nós.

Prosseguindo, você não é a única pessoa que já se confundiu, acreditando haver encontrado o grande amor, e que se decepcionou ao perceber que era só mais um relacionamento vazio. Sei bem como é.

Pode ser que, nesse exato momento, você esteja sofrendo ou chorando, por querer alguém que não corresponde aos seus sentimentos ou por estar com alguém que não te valoriza e até te faz sentir-se mal ou, ainda, por estar só.

Não vou dizer que isso nunca aconteceu comigo. Claro que já.

A diferença está em quanto tempo você se permitirá ficar nessa situação.

Depois de muitas lágrimas derramadas - acho que dava para formar um riachinho - e algumas olheiras, percebi que o importante era, de fato, me reconhecer uma pessoa merecedora de ser verdadeiramente amada.

## Perseguindo o amor...

E como? Aprendi a me amar, a me respeitar, listando todas as coisas boas que enxergava em mim e na minha vida, mantendo o foco nelas.

Deixei de querer impressionar os outros, de tentar ser quem eu não era e de fazer o que estava na contramão do que realmente queria.

Passei a gostar da minha companhia. Tive tempo para me conhecer e compreendi que eu sim sou imprescindível para mim.

Um dia, há muitos anos, esbarrei em alguém especial. É o meu melhor amigo, parceiro que me apoia nos dias de sol e naqueles nublados. E isso, pelo tempo que for.

E se você ainda se sente só ou se encontra em um relacionamento que não te satisfaz ou mesmo abusivo, sugiro que pare e comece a se amar. Afinal, você é o centro de sua vida!

Não se iluda com as palavras. Preste atenção nas ações.

Não crie dependência alguma e, especialmente, emocional. Isso retira de você a capacidade de escolher o que é melhor para a sua vida e, não raro, pode fazer com que se submeta a situações bizarras.

Um relacionamento deve trazer alegria, tranquilidade e harmonia; não tristeza, sofrimento e medo.

Esteja com a mente e o coração leves. Ame-se e verá que tudo passará a fluir. Que tal?

Se fizer sentido para você, experimente. Cultive laços de amor!

O que você tem a perder?

9

# Vivendo, me vi!

A credito que você já deva ter pensado que não consegue ver o seu rosto, a não ser por meio de uma superfície que possa refletir a sua imagem ou, talvez, nem tenha se dado conta disso, já que algumas pessoas estão no automático, preocupadas com o minuto seguinte.

Muito já se discutiu sobre o assunto.

Quando isso me veio à mente, pensei que deveria haver uma razão. Não sei, mas me parece que, se não conseguimos nos ver por fora, sem o auxílio de um utensílio qualquer, por outro lado, somente nós podemos olhar para dentro de nós mesmos.

Então, me perguntei: quantas vezes eu me vi sem um espelho?

Alguns dirão que isso é loucura ou uma grande perda de tempo. No entanto, acre-

## Por que não tentar?

dite, quando nos dedicamos, ainda que por apenas alguns minutos, a procurar nos conhecer, é aí que surgem descobertas incríveis.

Nesses raros momentos, em que nós somos o foco de nossa atenção, começamos a pensar naquilo que, de fato, queremos ou gostamos; nas escolhas que nos levaram até onde estamos, se estas foram nossas ou alheias e, ainda, se vivemos da forma como esperávamos ou nos acostumamos a desistir de tentar.

Um pensamento conduz ao próximo e não se assuste ao perceber que não se conhecia tanto assim. Eu fiquei pasma comigo mesma.

É engraçado, mas ao fazer este pequeno exercício de olhar para dentro, em silêncio, percebi que muitas das frases que pronunciei e pensamentos que estavam arraigados em mim não eram meus.

Eu estava repetindo comportamentos e alimentando ideias de outras pessoas com as quais convivia.

Há uma grande diferença entre procurarmos o conselho ou o auxílio de pessoas mais experientes, diante de algumas situações conflitantes ou problemas, e simplesmente adotarmos posturas ou fazermos escolhas para nossas vidas que sequer se encaixam ao que queremos ou pensamos, apenas por influência de outro.

Não há maior prisão do que acatarmos, como verdade absoluta, a opinião de outras pessoas e incorporarmos condutas e atitudes sem qualquer questionamento ou mesmo sem pensarmos se isso se alinha às nossas próprias crenças e valores.

## Vivendo, me vi!

E pior: será que nós desenvolvemos alguma crença ou temos princípios genuinamente nossos?

Como crescer e exercer o livre-arbítrio, se apenas seguimos o que os outros ditam?

Vou te contar uma história.

Sempre amei os mistérios da Vida e procurei, por meio de livros e cursos, aprender tudo o que podia sobre os temas ligados ao fascinante Universo, nossa Consciência e a Energia que somos nós.

Há muitos anos, quando eu estava me dedicando ao estudo da Radiestesia e Cromoterapia, resolvi abrir uma pequena loja de bairro, um espaço onde houvesse um clima de harmonia e alegria. Para mim, era um pedacinho tranquilo do mundo.

Após uma singela inauguração, com o tempo, algumas pessoas passaram a frequentar o local diariamente, não para adquirir qualquer produto, apenas para conversar.

Na época, nos bate-papos, eu deixava fluir as ideias e expunha o que me vinha à mente, somente querendo ajudar. E creio que consegui.

No entanto, certo dia, quando cheguei para abrir a loja, fiquei assustada ao ver uma pequena fila de desconhecidos que havia se formado na porta. Então, sem me identificar, me aproximei de uma senhora e perguntei do que se tratava. Ela me disse que estavam esperando para falar com a dona da loja, porque souberam que ela tinha uma energia muito boa e era bastante intuitiva.

## Por que não tentar?

Nessa hora, embora tenha me envaidecido e até me sentido especial, ao mesmo tempo fiquei tão apavorada, que saí e deixei a loja fechada.

Depois disso, decidi que já era tempo de seguir por outro caminho.

Olhando, agora, percebo que muitos de nós, principalmente em tempos difíceis, buscamos o auxílio de pessoas que julgamos poder nos dar uma direção. E isso é bastante válido.

O que acontece é que não apenas queremos que nos orientem e mostrem alguma forma de solucionar um problema que nos aflige, seja porque já passaram pela experiência ou porque têm maior vivência, mas as procuramos para que decidam por nós sobre o que fazer.

Cedemos, assim, ao outro o nosso livre-arbítrio, as nossas escolhas e, por vezes, o próprio rumo de nossas vidas.

O que esquecemos é que ainda assim somos nós os responsáveis pelos nossos atos e consequências e, ao continuarmos nesse ciclo, com o passar dos anos, cada vez menos seremos "nós". No máximo, seremos o reflexo desse outro, não no espelho, mas por dentro.

Lembra-se do "Onde está Wally?", de Martin Handford? Pois é. Onde está você?

Veja, diante de uma orientação ou conselho recebido, creio que devemos sempre ponderar e decidir se o que nos foi dito é ou não o melhor para nós.

Ninguém pode determinar como você, uma pessoa adulta, deve agir ou o que é perfeito ou não para sua vida, senão você mesmo. É assim que vejo.

## Vivendo, me vi!

Penso que a vida é o resultado de nossas próprias escolhas e, se não somos nós que escolhemos, não estaremos, portanto, vivendo a nossa vida. Consequentemente, não reconheceremos quem realmente somos. É vivendo, de acordo com o que acreditamos e escolhemos, que poderemos nos ver e reconhecer.

De fato, eu posso falar sobre o que vivi, o que aprendi e até o que faria no seu lugar, mas, por favor, não me peça para decidir por você. Isso, não farei.

Então, o que você pensa? Suas concepções e percepções são suas? Quais são suas crenças? Sua vida tem sido o resultado de suas escolhas? O que VOCÊ quer? Qual o SEU projeto de vida?

Sempre é bom parar e refletir.

É o que penso, verdadeiramente.

# 10

# Afinal, de quem é a culpa?

O que vou te falar aqui não é nenhuma novidade. O meu intuito é apenas possibilitar uma reflexão.

Vamos recordar: quando pequenos, ao irmos para a escola e levarmos um brinquedo, talvez tenhamos ouvido uma recomendação do tipo "não empreste para ninguém!". Pode ser que você já tenha feito essa recomendação aos seus filhos, sobrinhos ou até netos.

E quantas vezes você correu para entrar no avião ou em um evento social somente para ser o primeiro ou para pegar o melhor lugar?

Daí você arruma inúmeras desculpas para esse comportamento, tentando manter a visão de que essa é a atitude correta, já que, se não agir dessa forma, outros o farão.

## Por que não tentar?

Responda: você já disse, para si ou para os outros, que a culpa não era sua?

Por exemplo, se aparece algo quebrado e alguém pergunta o que aconteceu, sua primeira reação é dizer "Não fui eu!". Perceba que ninguém te acusou, mas você já está se defendendo.

Cruzes, isso eu faço também. Ok, tudo certo. Não é tão difícil mudar essa reação e, com um pouco de treino, vamos conseguir. Combinado?

A constatação de que somos ou fomos, em alguns momentos ou em relação a aspectos de nossas vidas, egoístas e praticamos a autodefesa do "não fui eu" acontece com frequência. Eu sei.

O complicado, porém, não são essas pequenas coisas, mas sim quando, em vez de assumirmos a responsabilidade pelo que acontece conosco, fazemo-nos de vítima, atribuindo aos outros a culpa pela nossa frustração ou momentânea "falta de sorte".

Já reparou quantos dizem que a culpa por suas vidas não serem o que queriam e imaginavam é dos pais, porque, claro, "não pediram para nascer" e eles não lhes ensinaram o suficiente; ou do chefe, que vive perseguindo-os e não valoriza o trabalho; ou daquele colega que está sempre em evidência; ou por causa de outra pessoa que não quis se relacionar com eles? Alguns chegam a culpar Deus.

Resumindo, suas vidas não os satisfazem, mas a culpa é de todos, menos deles. Você se encaixa na descrição?

## Afinal, de quem é a culpa?

Não se preocupe, pois você não é o único.

Quero, aqui, dizer que não gosto da palavra *culpa*. Prefiro responsabilidade.

E chegou a hora de lembrar que o responsável pela sua vida estar como está é somente: VOCÊ!

Muitos autores já discorreram sobre esse assunto, pessoas muito mais abalizadas do que eu, especialistas até.

Como disse antes, apenas relato fatos e acontecimentos que estão interligados à minha experiência de vida, seja por vivência própria ou observação.

Então, não vou expor aqui nenhuma tese, somente a minha conclusão sob uma ótica que pode não ser a sua e sem qualquer pretensão de te convencer de coisa alguma.

Pois bem. Depois de passar por inúmeras situações conflitantes e de responsabilizar os outros pelo que não deu certo, tanto na vida pessoal como na carreira, parei e comecei a analisar se o meu comportamento, minhas ações ou minha inação não teriam contribuído para que eu tivesse essas experiências.

E creia, fiquei surpresa ao perceber que sim. E, também, é claro que reconheci que, ao me colocar na posição de "vítima", ficava mais fácil justificar, para mim mesma e para os outros, aquilo que eu entendia como tendo sido um fracasso.

E veja que não responsabilizar o outro não significa que já não tenhamos sido prejudicados pela atitude de pessoas com as quais convivíamos ou convivemos.

## Por que não tentar?

Arrisco afirmar que acontece com todos. Mas fica uma pergunta: será que nós não colaboramos de alguma forma para que isso ocorresse?

Ao fazer um pequeno exercício de reflexão comigo mesma, cheguei à compreensão de que somente eu sou responsável pelas minhas escolhas, ações e omissões e, portanto, pelas consequências que delas advêm; sou responsável, ainda, pelo pensamento que emito em relação a mim e aos outros e por aquilo que prometo seja para mim mesma ou para os outros, assim como pelas expectativas que crio em relação às outras pessoas e que podem me causar frustração.

Então, sou a única responsável pela vida que tenho vivido e pelas experiências colhidas.

Assim, se fizer sentido para você, pare de responsabilizar a quem quer que seja por estar e permanecer onde está e pelo que te incomoda.

O movimento de mudança tem de ser seu, de mais ninguém.

Com dedicação e perseverança, você pode atingir seus objetivos. Acredite, eu sei. E aí? Responsabilize-se por você. É libertador!

# 11

# Seja a inspiração, inspirando-se!

Creio que cada um e todos nós somos a inspiração para alguém e um do outro. Não importa se para um familiar ou algum amigo ou para a turma do trabalho, você tem algo que as pessoas admiram e vice-versa, mas muitas vezes sequer percebemos.

Você pode não ser uma celebridade, eu também não sou, mas acredite quando te digo que, apenas sendo quem é, você tem a capacidade de motivar e impulsionar aqueles que te cercam.

Ainda não notou?

Sabe por quê?

Também demorei a ver e saber a razão.

## Por que não tentar?

Sei, hoje, que o meu comportamento, a minha conduta e as minhas colocações alcançam algumas pessoas e elas me dizem que as inspirei a fazerem mudanças positivas em suas vidas.

Sou muito grata e ouvir isso me traz enorme alegria e aumenta, exponencialmente, minha responsabilidade, não pelo outro, mas por mim mesma, já que permiti me tornar exemplo para alguns.

Mas não foi sempre assim. Vou te contar.

Um dia, estava assistindo a um filme - não importa o nome, já que não me recordo - e havia uma personagem que era uma crítica ferrenha à própria pessoa.

Foi aí que fiquei chocada ao perceber como eu me assemelhava àquela personagem.

Bastava cometer um equívoco e dava início à ladainha do "como sou distraída" ou "nossa como sou tola" ou "que idiotice".

Estava sempre ressaltando o que não traduzia o meu melhor e soterrando as qualidades que deveria exaltar, não por vaidade, mas por reconhecimento.

Sempre que ocorria algo desagradável, vinha, na sequência, a frase "nem tudo é perfeito".

E assim, embora algumas pessoas que me conheciam expressassem sua admiração, eu permanecia me sabotando.

Ao tomar consciência disso, alterei o meu discurso interno, mas aos poucos e com inúmeras recaídas.

## Seja a inspiração, inspirando-se!

E tudo bem. Mudar, ainda que seja ínfima a modificação que se pretenda fazer, não é fácil e, às vezes, apavora.

No entanto, acreditei em mim, perseverei e gerei a mudança.

Agora, quando olho para minha vida, sou grata, pois me vejo como uma pessoa que tem sua espiritualidade, que reconhece como princípio o Respeito e que entende o significado de cada um dos papéis por mim desempenhados durante o caminho (filha, mãe, esposa, juíza, mentora, aluna...).

Inspirar-se a si mesmo, com a delicadeza do que se diz e pensa em seu mais profundo EU, reconhecendo cada conquista realizada, não importando o seu tamanho ou grandiosidade, e vibrando diante de tantas virtudes que pode encontrar em si, bastando para isso olhar bem de pertinho, é o que, no meu ponto de vista, fará com que você seja a inspiração para outras pessoas.

Logo, aconselho que cuide do que pensa e fala sobre si mesmo. Seja bom consigo!

Não se perde nada em tentar...

# 12

# Cadê minha carreira de sucesso? Escapando do labirinto da insatisfação

Diante de tanta diversidade de ideias e de tamanha evolução, principalmente tecnológica e científica, nos deparamos com mudanças também de caráter comportamental, envolvendo nossas crenças, valores e costumes.

As pessoas estão, constantemente, sendo submetidas a um fluxo de pressão, quer autoimposto ou oriundo de fatores externos, decorrente da necessidade de adaptação às profundas transformações pelas quais o mundo vem passando.

Toda essa variação do panorama mundial, aliada à celeridade com a qual ocorrem as mudanças, indubitavelmente, impacta a vida de todos nós e, certamente, influencia

## Por que não tentar?

a forma como tomamos decisões importantes quer no campo pessoal, profissional ou relacional.

Inseridos nesse contexto, em tempos digitais, somos apresentados não só a vitrines virtuais que nos vendem inúmeros produtos e serviços, mas também e o mais significativo é que estamos vivenciando um episódio da história em que somos, diuturnamente, cobrados a, "com a rapidez da luz", buscarmos um propósito, deixarmos a procrastinação, cuidarmos da administração do tempo, alcançarmos a alta performance, tudo isso rumo ao sucesso, embalado ao som de um frenesi de autoconhecimento.

Mas o que é sucesso para você? Já pensou nisso? Eu tiraria um tempinho para refletir sobre isso.

Veja, para mim, todos esses são temas relevantes e indispensáveis à construção e organização de um projeto de vida e ao desenvolvimento da confiança em si mesmo.

No entanto, de repente, envolvido por essa atmosfera de rápidas mudanças, pode ser que você esteja se sentindo como se estivesse em um labirinto, repleto de insatisfação, sem saber para onde ir e o que fazer para sair desse lugar e, ainda, com pressa.

Acredito que esse sentimento seja mais comum do que possa imaginar.

Ou apenas, como parte integrante de um universo díspar e em constante movimento, você tenha percebido que a profissão pela qual optou pode não ser o que deseja fazer pelo resto de sua vida ou mesmo tenha reconhecido que já cumpriu uma etapa de sua jornada profissional e seja hora de iniciar algo novo.

## Cadê minha carreira de sucesso?...

Então, surgem as perguntas: como decidir o que e como fazer? Qual o caminho para escapar do labirinto da insatisfação? Como me reinventar, alcançar a realização e, ainda, obter sucesso na carreira?

Quando se trata de profissão e plano de carreira, por vezes ficamos travados ao pensar no que queremos.

E diante de um mundo que não para de se transformar, o que não podemos esquecer é que cada pessoa é um SER único, com aspirações próprias, dons e talentos especiais e, acredito, uma missão de vida a ser cumprida a seu tempo.

Então, penso que não há como colocar todos os indivíduos dentro de um mesmo navio e zarpar para mar aberto, em direção ao mesmo destino, quando cada um tem a própria carta de navegação.

Para chegar à resposta a tantas indagações relevantes ou quando o assunto é "o que vou ser quando crescer" ou mesmo "o que fazer agora para mudar de rota", acredito que, primeiro, é preciso saber o que se quer e o porquê.

E aí chegamos em outra encruzilhada: como fazer isso?

Penso que só há um jeito e é buscando dentro de si. Somente nós mesmos podemos olhar bem no nosso íntimo e encontrar aquilo que realmente gostaríamos de experienciar e a razão pela qual desejamos tal coisa.

Com o pé na vida adulta, comecei a me perguntar o que pretendia para mim e, num estalo, várias opções se apresentaram em minha mente. Daí, fui percorrendo cada uma dessas opções e me questionei sobre o porquê gostaria de determinada coisa ou não e, assim,

## Por que não tentar?

pude, aos poucos, ir eliminando o que não estava alinhado aos meus dons e talentos. Acabei por desvendar minha missão de vida.

Você precisa conduzir-se a si próprio e acredito que, para que isso ocorra, é fundamental reconhecer o que sabe sobre si mesmo.

É assim também com essa olhadela para dentro de você que, certamente, encontrará as barreiras que vêm te impedindo de sair daquele labirinto de insatisfação. De toda forma, removê-las é um trabalho exclusivamente seu.

Nesse ponto, creio que discernimento seja a palavra-chave, o que para mim se traduz no avaliar a situação em que se está inserido, cotejar os fatos e equalizar as ideias, para, então, saber o que fazer e como fazer.

Ouvi algumas vezes de minha mãe uma frase mais ou menos assim: "não se deve querer abraçar o mundo de uma só vez". Acho que essa foi minha primeira lição sobre o que é ter foco, colocar sua energia em uma coisa de cada vez. Foi como entendi e pratiquei.

Então, sendo bem objetiva, o que aprendi, por vivência própria e observação, incluindo as experiências de outras pessoas, foi que toda escolha ou mudança profissional deve estar amparada por um objetivo definido, com firme intenção, e partir do reconhecimento das próprias habilidades.

Depois disso, penso que é hora de traçar uma estratégia, estabelecendo metas, com prazo determinado, além de ter em mente as dificuldades que possam apa-

## Cadê minha carreira de sucesso?...

recer, antecipando-se a elas, listando as etapas a serem concluídas e o que é, de fato, necessário para tanto, passo a passo.

Obter o conhecimento específico sobre o que se pretende fazer, na minha visão, é a base estrutural. Creio, ainda, que se deve procurar aprender com quem conhece do assunto e possui vivência prática. E não se pode esquecer de fazer um planejamento financeiro, tanto para o que se deseja implementar quanto para se manter durante o processo.

Sugiro, então, que se torne um buscador e encoraje a si mesmo a seguir em frente não como uma pena solta ao vento, tipo "deixa a vida me levar", mas sim exercitando o pensar, o planejar, dando ênfase às suas aptidões e colocando atenção no que lhe interessa.

No meu entendimento, o pré-requisito para escolher uma profissão e edificar uma carreira de sucesso, este entendido como plena realização pessoal, é a autocompreensão.

Se você se autocompreende, tendo claros seus dons e talentos, seus limites e limitações, aceitando-se e percebendo os pontos em que pode melhorar, encontra o equilíbrio não só profissional, mas como pessoa.

Não há uma fórmula mágica e essa é a beleza da vida. À medida que caminhamos, vamos aprendendo e nos lapidando para chegarmos ao nosso melhor momento.

Então, que tal começar a refletir sobre o que realmente quer para sua vida e dar o primeiro passo?

Só depende de você.

# 13

# 2003... Um ano para lembrar...

**E**sse ano, certamente, foi o mais significativo de toda minha vida.

Ocorreu um fato, especificamente marcante, que acabou por transformar o meu modo de ver e viver a vida.

Após esse acontecimento, deixei de viver alheia ao tempo que tenho para estar por aqui, na Terra. Compreendi que cada lição vem para nos fortalecer. Pude me sentir como parte do TODO e, enfim, indo além dos ensinamentos teóricos adquiridos ao longo da vida, percebi que há muito mais do que nossos olhos físicos podem enxergar.

Era fevereiro de 2003. Eu estava no quinto mês de gestação e entusiasmada com os preparativos para o nascimento de minha filha.

Até então, tudo corria bem, sem grandes alterações, embora a gravidez seja um tur-

## Por que não tentar?

bilhão de emoções que vão desde a expectativa, passando por uma súbita alegria, chegando ao medo e à insegurança, e tudo em questão de segundos. Supernormal, eu acho.

Depois de mais um mês de trabalho intenso, planejei uma pequena viagem de carro, já que dentro de alguns meses eu ficaria um bom tempo só "paparicando" a nova integrante da família.

Tudo certo para pegarmos a estrada no dia seguinte.

No entanto, quando acordei naquela manhã, fui tomada por uma "preguiça" de viajar e estava um pouco ansiosa, mas decidi não dar atenção a isso e seguir como o planejado.

Algo, realmente, me incomodava, mas, ainda assim, deixei de lado. Afinal, estava um dia lindo e ensolarado.

Partimos rumo ao descanso. A estrada estava vazia e pensei que logo chegaríamos ao nosso destino.

Porém, a certa altura, ao iniciarmos uma ultrapassagem, em uma reta com perfeita visibilidade, o caminhão que trafegava à nossa frente - não sei a razão, talvez em função de um buraco na via -, de repente jogou o veículo para a esquerda e bateu na nossa lateral, fazendo com que saíssemos da pista e capotássemos.

Totalmente desgovernado, o carro girou várias vezes, somente parando no fundo de um barranco.

Enquanto o carro girava, estranhamente, o meu corpo parecia haver adormecido.

Eu não o sentia. É como se eu não estivesse lá. Até hoje, não sei explicar.

## 2003... Um ano para lembrar...

O que viria a seguir seria uma sincronicidade incrível.

Confesso que, quando o carro parou, tive medo de me mexer. Havia muita poeira, acredito que vinda dos *airbags*, mas foi o meu cachorro Rex - um poodle adorável -, que estava no banco traseiro, que me mostrou a saída e, assim, soltei o cinto de segurança e o segui. Ele estava ótimo, sem nenhum ferimento. Fiquei aliviada e, ao mesmo tempo, admirada.

Já do lado de fora, começamos a subir o barranco, eu estava tranquila, sentindo uma calma imensa. Lembro-me de dizer a mim mesma e à bebê que estava tudo bem. Realmente eu sentia isso lá no fundo, eu tinha a certeza de que tudo estava bem. Em momento algum, duvidei ou me desesperei, apesar da gravidade do acidente.

Enquanto eu subia em direção à rodovia, fui conversando com DEUS - eu sentia a SUA presença.

Foi a oração mais profunda e sincera que me lembro de ter feito. Disse apenas: Deus, eu confio no Senhor!

Então, nem sei por qual motivo, falei que precisaria da Polícia Rodoviária e, acreditem ou não, ao chegarmos ao topo, já na estrada, em menos de um minuto, apareceu uma viatura da Polícia Rodoviária que nos socorreu.

Na hora, pensei que o motorista do caminhão tivesse comunicado o acidente, mas os policiais disseram que não, que eles estavam apenas passando para ir à cidade vizinha.

Fomos levados ao hospital mais próximo e, após fazer alguns exames, embora sem o equipamento de ultrassom, o médico me alertou quanto ao risco de um desco-

## Por que não tentar?

lamento de placenta. Nesse instante, eu lhe disse que não havia nada de errado comigo ou com a minha filha.

Notei, de imediato, a preocupação estampada em seu rosto e no das enfermeiras.

Contudo, não era só um desejo de que nada de ruim viesse a acontecer, era a plena certeza de que nós ficaríamos bem. Esse sentimento simplesmente estava em mim.

Pouquíssimas pessoas souberam do acidente e sequer fiquei internada. Voltei para casa com alguns hematomas e arranhões, minha filha estava ótima e, em uma semana, eu já havia retornado ao trabalho.

Sem qualquer sequela grave, apenas uma pequena cicatriz em minha mão, mas com um grande aprendizado.

Sorte? Pelo estado em que ficou o meu carro - perda total -, digo que não.

Milagre? Com certeza, eu vivi um milagre.

Então, CREIA!

Seja lá pelo que você esteja passando ou se vier a experienciar alguma situação conflituosa, crítica ou negativa, procure escutar sua voz interior, sinta e lembre-se de que não está só. Verdadeiros ANJOS estão a olhar por você.

Você não precisa ver, basta se permitir ACREDITAR.

Foi essa certeza que me manteve firme e calma, em um dos momentos mais difíceis de minha vida.

Entendi que, quando ACREDITAMOS em algo e SENTIMOS que aquilo que queremos é o que vai ser, criamos uma conexão com o CRIADOR e o melhor se manifesta.

## 2003... Um ano para lembrar...

A isso chamo FÉ e não tem nada a ver com religião.

Depois dessa experiência, minha visão sobre a vida mudou.

Passei a valorizar cada minuto do meu dia, as pequenas coisas a que não damos tanta atenção, acho que por parecerem bem corriqueiras, como um bom-dia, um beijo ou um abraço das pessoas a quem amamos e até aquelas pausas preguiçosas em que não queremos fazer nada. Tudo é vida!

Busquei traçar objetivos que ajudassem outras pessoas (e ainda estou no caminho...), já que o pensamento de que bastava não prejudicar ninguém se tornou limitante.

Compreendi que, apesar dos momentos de tristeza, dor, sofrimento e angústia, a que todos nós estamos sujeitos, e de qualquer vivência que esteja na contramão do que quero ou do que acredito merecer, tudo sempre será para nossa evolução e que AGRADECER e ACREDITAR são a chave para que cada lição faça de nós pessoas melhores.

É assim que vejo. E você?

# 14

# Receita para a felicidade. Será que existe?

A boa notícia é que sim.

Existe uma receita que funcionou para mim e me fez reconhecer onde essa tal felicidade estava, mas vai depender de você se permitir acreditar e querer usá-la.

Cheguei à conclusão de que a felicidade se apresenta de formas diferentes para cada um de nós. Para alguns, é ter sucesso na carreira, estabilidade financeira, casa, veículos, viagens; para outros, é ter o amor de alguém especial, saúde, harmonia, filhos carinhosos ou pais amorosos, enfim, ainda têm aqueles para quem é isso tudo, um pacote completo ou, simplesmente, fazer o bem a quem necessita.

Para mim, a felicidade não é a meta, mas a companhia que está conosco no caminho, enquanto buscamos alcançar cada objetivo que estabelecemos.

## Por que não tentar?

É difícil pensar que nos momentos de dor, ainda assim, a felicidade está lá. Mas está, pois simplesmente é, independentemente de fatores externos.

Faz parte de cada um de nós e de nossa experiência de vida, embora nem todos consigam senti-la, talvez por manterem uma postura de descrença e desânimo frente a uma realidade que pensam ser imutável.

Creio que os relacionamentos interpessoais e as situações cotidianas são oportunidades para reconhecer que ser feliz é diferente de estar feliz, este um sentimento momentâneo, aquele integrado, que é um pedacinho de quem você é.

Reconheci, assim, que sou feliz, apesar das experiências de sofrimento pelas quais passei e que são comuns a todos nós, seja uma doença, a perda de alguém amado ou dificuldades outras (financeiras, de relacionamento etc.).

Quando prestei atenção em mim, descobri que havia um tripé que me conectava a esse sentimento de felicidade: era a Gratidão, a Autocompreensão e o Respeito.

Gratidão por tudo, pela bonança e pelas intempéries, porque ambas me fizeram ser quem sou.

Autocompreensão, para aceitar quem sou; perceber meus limites e minhas limitações; reconhecer meus valores e virtudes e, assim, fazer minhas próprias escolhas e assumir plena e total responsabilidade por estas.

Respeito por tudo e por todos, que tenho como princípio que me define, independentemente de qualquer reciprocidade ou imposição.

## Receita para a felicidade...

Então, esse tripé que desde há muito me guia e me possibilitou compreender que estamos todos limitados por nossas concepções e convicções, dentro de um absoluto relativismo, me fez perceber que a felicidade estava e sempre estará aqui dentro, bem dentro, onde quer que eu vá.

E você? Já sabe o que é felicidade para você? Que tal experimentar a receita e usar o tripé?

E não se esqueça de amar a vida, cada respiração, e de praticar a bondade consigo e com os outros.

Uma última dica: mantenha a mente aberta, sem emitir juízo de valor sobre o que ou quem quer que seja, muito menos acerca de você!

# Sobre mim
# Em versão resumida

Nasci em São Paulo, capital, no ano de 1964, mas cresci em Minas Gerais e, como dizem por aí, criei raízes.

Sou uma pessoa comum e acredito que o impossível é aquilo que ainda não tentei; me tornei uma apaixonada pelos mistérios do Universo.

Durante minha caminhada, tive excelentes mestres, sendo os primeiros meus pais. Minha mãe, exemplo de força e perseverança, que nunca me deixou desistir; meu pai, bondade e compreensão.

A busca pela realização da Justiça era uma de minhas motivações maiores. Assim, durante 34 anos, exerci a atividade jurídica. Ao longo desse tempo, fui aprovada em alguns concursos públicos, quando, então, descobri o que amava e queria fazer, razão pela qual ingressei na Magistratura, carreira que abracei por pouco mais de 20 anos.

Com formação em *Mentoring - Triple International Certification; Certification International Business e Innovation Mentor e Behavioral Analyst International Certification* (GMG Academy). Certificação em *Mentoring* PUCRS (2020) e em Mentoria e *Advice* Humanizado ISOR System (Instituto Holos). Busco, de um jeito descomplicado, promover o despertar e o desenvolvimento de potenciais, impulsionando a autoconfiança e a autocompreensão, pelo compartilhamento das lições aprendidas pela experiência e observação pessoal e profissional, transmitindo o conhecimento e os referenciais que a vivência me proporcionou, para que outras pessoas também possam chegar aonde querem estar. Afinal,

*"Nada do que vivemos tem sentido se não tocarmos o coração das pessoas."*
*Cora Coralina*

# Agradecimentos

Agradeço a DEUS, pela oportunidade de evolução.

Agradeço à minha família, com quem aprendi a ser e fazer o meu melhor.

E quero deixar consignado o meu agradecimento e profundo respeito por você que leu este livro, por me permitir entrar em sua rotina e compartilhar minhas convicções e pensamentos.

Obrigada!